AF591298

LES AMOURS DE PROTÉE,

BALET,

REPRESENTÉ POUR LA PREMIERE FOIS PAR L'ACADÉMIE ROYALE DE MUSIQUE,

Le Jeudy 23. Mai 1720.

A PARIS,
Chez la Veuve de P. RIBOU, seul Libraire de l'Académie Royale de Musique, Quai des Augustins, à la quatriéme Boutique en descendant du Pont-Neuf, à l'Image S. Loüis.

MDCCXX.
Avec Approbation & Privilege du Roi.

AVERTISSEMENT.

LE Titre de cette Piece n'annonce point Protée comme un Dieu, forcé par sagesse de se transformer en cent manieres differentes, pour cacher l'avevir aux Mortels; mais comme un Dieu amoureux, plus occupé de son sort, que de celui des autres, & qui ne se sert du pouvoir qu'il a de changer de figure, que pour les interêts de sa passion.

Cette passion, au reste, n'est point une fiction de ma part; le Mythologiste au Livre 8. chap. 8e. en parle comme d'un fait, il dit que Protée aima Pomone, Déesse des Jardins, & qu'il épousa Thérone Nymphe de la Mer; cela seul ne suffisoit pas, à beaucoup prés, pour faire le sujet d'une Piece : aussi avouërai-je que le reste est de mon invention. Comme maître de ma Fable j'ai recherché les idées que j'ai cru les plus Théatrales; persuadé que le Théatral est la principale partie, & pour dire plus, l'ame du Poëme drammatique.

Le genre de Théatre dont j'ai fait choix a eu le bonheur de plaire chez les Anciens; il a pareillement réussi chez les Modernes; & c'est de tout les genres de Théatre celui auquel le Public aime le plus volontiers à se prêter, à cause du plaisir qui en resulte; il ne s'agissoit que d'y mettre des Idées riantes & nouvelles : J'ai tâché d'en tirer de l'usage que Protée fait de son pouvoir, pour ſatisfaire ſa propre curioſité ; j'ai ſuivi en cela le ſyſtême de la Mythologie, qui ôte à tous les Dieux, ſans exception, la connoiſſance de l'avenir dans leur propre cauſe.

On verra dans le Prologue que j'ai perſonnifié deux Amours. La choſe n'eſt pas ſans exemple ; & d'ailleurs comme elle eſt naturelle, la fiction ſeroit permiſe ; auſſi les Poëtes appellent-ils Venus, la mere des Amours ; preuve certaine qu'il y en a pluſieurs.

A l'égard du ſtile, j'ai tâché, ſans le négliger, de le ſubordonner aux choſes, & de n'en pas faire l'eſſentiel de mon Ouvrage : Heureux ſi le Public y peut trouver d'ailleurs de quoi s'en dédomager, & veut bien le recevoir avec indulgence.

ACTEURS & ACTRICES CHANTANS

dans tous les Chœurs du Prologue & du Balet.

COSTE' DU ROI.	COSTE' DE LA REINE.
Mesdemoiselles	*Mesdemoiselles*
Constance.	Limbourg.
Fleury.	Millon.
Rubantel.	La Roche.
Rousseau.	Tettelette.
Saint Gerie.	Person.
Messieurs	*Messieurs*
Morand.	Corbie.
Alexandre.	Lemire-L.
Saint Martin.	Fossier.
Buzeau.	Dautrep.
Deshais.	Duchesne.
Duplessis.	Arteau.
Corail.	Grenet.
Jacier.	

ACTEURS
CHANTANS
DU PROLOGUE.

VENUS, Mademoiselle Minier.
L'AMOUR CONSTANT, Mademoiselle Person.
L'AMOUR VOLAGE, Mademoiselle Castelnaud.
UN AMANT CONSTANT, Monsieur Jacier.
UN AMANT VOLAGE, Monsieur Murayre.
Chœurs d'Amans Constans.
Chœurs d'Amans Volages.

ACTEURS DANSANS
DU PROLOGUE.

AMANS CONSTANS.
Messieurs Ferrand, Laval, Pierret.
Mesdemoiselles Lemaire, Leroy, Lizarde.
Mademoiselle Guyot.

AMANS VOLAGES.
Monsieur P- Dumoulin, Maltaire, Guyot.
Mesdemoiselles Châteauvieux, Duval, Corail.
Mademoiselle Guyot.

LES AMOURS DE PROTÉE, *BALET.*

PROLOGUE.

Le Théatre represente le Séjour de Paphos.

SCENE PREMIERE.

L'AMOUR CONSTANT, *Chœur d'Amans Constans.*
L'AMOUR VOLAGE, *Chœur d'Amans Volages.*

LES AMANS CONSTANS.

REgnez, Amour Constant, rassemblez vos attraits
Pour rendre tous les Cœurs fideles.

LES AMANS VOLAGES.

Regnez, volage Amour, faites voler vos traits,
Préparez-nous des Conquêtes nouvelles.

L'AMOUR CONSTANT.

Quittez, quittez ce beau séjour;
Osez-vous dans Paphos soutenir ma présence?

L'AMOUR VOLAGE.

Comme vous, de Venus j'y reçûs la naissance;
Comme vous, j'ai mes droits dans sa brillante Cour.

L'AMOUR CONSTANT.

Non, je ne puis souffrir qu'un Ennemi partage
Un pouvoir, qu'à moi seul Venus avoit remis.

L'AMOUR VOLAGE.

Votre pouvoir plaisoit au tems des Amadis,
Aujourd'hui je plais davantage.

Plus volages que les Zéphirs,
Mes Sujets ignorent les peines;
Ce sont les Jeux & les Plaisirs
Qui forment les nœuds de leurs chaînes.

L'AMOUR CONSTANT.

Je fais le bonheur d'un Amant
Par sa constance même;
Plus on connoît le prix de la beauté qu'on aime,
Et plus on aime constament;

Tout Amant fidele est content.

L'AMOUR VOLAGE.

Du moins il aime à le paroître.

L'AMOUR CONSTANT.

On se fait de mes feux un honneur éclatant.

L'AMOUR VOLAGE.

C'est peut-être un honneur de passer pour constant;
Mais quel avantage de l'être?

L'AMOUR CONSTANT.

Vous qui suivez mes pas, Plaisirs rassemblez-vous;
Contre un fier Ennemi soûtenez ma puissance.

L'AMOUR VOLAGE.

Jeux, qui m'accompagnez, volez, accourez-tous;
Faites triompher l'Inconstance.

SCENE II.

TROUPE DE PLAISIRS *de la ſuite de l'Amour Conſtant.*

TROUPE DE PLAISIRS *de la ſuite de l'Amour Volage.*

UN AMANT CONSTANT.

COeurs inconſtans, votre erreur eſt extrême;
C'eſt n'aimer rien, que de changer toujours,
Fixez vos feux; le Zephire lui-même
Près de Flore aſſidu, paſſe ſes plus beaux jours.

UN AMANT VOLAGE.

Amans conſtans, briſez vos chaînes,
Accourez, volez dans nos fers,
Ils ſont faciles & legers;
Pour nos plaiſirs, quittez vos peines.

Un cœur n'eſt point fait pour ſouffrir
Des feux, dont il n'eſt pas le maître;
Le même jour qui les voit naître
Ne doit-il pas les voir mourir?

Amans Constans, brisez vos chaînes,
Acourez, volez dans nos fers;
Ils sont faciles & legers,
Pour nos plaisirs, quittez vos peines.

Les Amans Volages vont offrir leurs Chaînes de fleurs aux Amans Constans; une partie des Amans Constans passe du côté de l'Amour Volage.

L'AMOUR CONSTANT.

O vous dont je tiens la naissance,
Venus, par quel charme fatal
Faut-il voir en des lieux pleins de votre puissance
Le triomphe de mon Rival?

Venus paroît dans les Airs.

CHOEUR *de tous les Amans.*

Reine des Cœurs, Fille de l'Onde,
Descendez dans ce beau séjour;
La Paix, & le bonheur du monde
Vous rapellent dans votre Cour.
Reine des Cœurs, Fille de l'Onde,
Descendez dans ce beau séjour.

SCENE III.

VENUS, L'AMOUR CONSTANT, L'AMOUR VOLAGE.

VENUS *dans son Char.*

QUe les Ris, & les Jeux que ma presence inspire
Dans ces lieux ramenent la Paix;
Vous, qui ne me quittez jamais,
Plaisirs, regnez dans mon Empire.

à l'Amour Constant.

Mon Fils, j'entens votre cœur qui soupire,
On vous enleve vos Sujets;
Je viens regler vos droits sur tout ce qui respire,
Vos vœux vont être satisfaits.

L'AMOUR CONSTANT.

Déesse, chaque jour quelqu'Amant se dégage.

L'AMOUR VOLAGE.

A toutes les Beautez on doit un tendre homage.

VENUS.

Hé bien, pour dispenser vos Loix,
Amours, entre vous deux il faut faire un partage.

à l'Amour Constant.

Vous, mon Fils ; joüissez du charmant avantage
De blesser tous les Cœurs pour la premiere fois ;
Mais consentez aussi qu'après leur premier choix,
Ils puissent à leur gré suivre l'Amour Volage.

Tendres Amours, qu'un spectacle pompeux
Signale ici votre puissance ;
Du caractere de vos feux
Faites-y voir la difference.

L'AMOUR CONSTANT.

Vertumne, par ses soins, & sa constante ardeur
A sçu vaincre autrefois une beauté rebelle.

L'AMOUR VOLAGE.

De Protée, à mon gré, je gouvernois le Cœur ;
Ce Dieu changeant brûla pour elle.

VENUS.

Amours, il faut en ma faveur
Que l'Histoire s'en renouvelle.
Plaisirs, rassemblez-vous. La Mere des Amours,
Par leur nouveau partage, assure les beaux jours.

CHOEUR.

Regnez, belle Venus, tout flate votre gloire,
Vous rendrez aux Amours une éternelle paix ;
Que Paphos à jamais
En garde la mémoire.

Fin du Prologue.

ACTEURS CHANTANS DU BALET.

POMONE, *Déesse des Fruits,* Mlle Antier.

VERTUMNE, *Amant aimé de Pomone,* Mr. Lemyre.

THE'RONE, *Nymphe de la Mer, aimée autrefois de Protée,* Mademoiselle Tulou.

PROTE'E, *Amoureux de Pomone, infidele à Thérone,* Monsieur Thevenard.

TRITON, *Confident de Protée,* Mr. Murayre.

Tritons & Neréïdes.

UN TRITON,

Bergers & Bergeres.

UNE BERGERE, Mlle Souris.

Jardiniers & Jardinieres.

Habitans du Rivage.

UNE JARDINIERE, Mlle Souris.

La Scene est dans les Jardins de Pomone.

ACTEURS DANSANS DU BALET.

ACTE PREMIER.

TRITONS & NEREIDES.

Monſieur D-Dumoulin.

Meſſieurs Dumoulin-L., Pierret, Laval, P-Dumoulin, Guyot, Maltaire.

Mademoiſelle Prevoſt.

Meſdemoiſelles Châteauvieux, la Ferriere, Corail, Mangot, Duval, Lemaire.

ACTE SECOND.

BERGERS & BERGERES.

Monſieur D-Dumoulin, Mademoiſelle Prevoſt.

Meſſieurs Dumoulin-L., Dupré, Pierret, Deszayes, Maltaire, Guyot.

Meſdemoiſelles Duval, Corail, Lemaire, Leroy, Mangot, Lizarde.

ACTE TROISIE'ME.

JARDINIERS & JARDINIERES.

Meſſieurs Deszayes, Javilliers, Marcel-C.

Meſdemoiſelles Duval, Lemaire, Leroy.

MATELOTS & MATELOTTES.

Monſieur Marcel-L, Mademoiſelle Menés.

Monſieur F-Dumoulin.

Meſſieurs P-Dumoulin, Maltaire, Guyot.

Meſdemoiſelles la Feriere, Corail, Mangot.

LES

LES AMOURS DE PROTÉE,

BALET.

ACTE PREMIER.

Le Theatre represente l'extrémité de l'Empire de Pomone, sur les bords de la Mer.

SCENE PREMIERE.

THE'RONE *seule.*

AMOUR, brise les nœuds d'une fatale
chaîne ;
Te feras-tu toujours un plaisir de ma peine ?

De Protée en ces lieux on attend le retour;
Vient-il faire à mes feux quelque nouvel outrage?
Ne puis-je haïr le volage,
Ou le devenir à mon tour?
Amour, brise les nœuds d'une fatale chaîne;
Te feras-tu toujours un plaisir de ma peine?

Mon cœur, contre l'Ingrat vainement irrité,
L'accuse, helas! moins qu'il ne le rappelle;
Quand on se plaint de l'infidelité,
On aime toujours l'Infidele.

SCENE II.

POMONE, THE'RONE.

POMONE.

PRenez part aux transports qui regnent dans mon cœur,
Nymphe, calmez l'excès de votre inquiétude.
Pourquoi chercher la solitude?
Elle irrite votre langueur.

THE'RONE.

Vous triomphez, belle Pomone,
Vertumne vous aime toujours.

POMONE.

Que ne puis-je vous voir, trop ſenſible Thérone,
Plus heureuſe dans vos Amours ?

THÉRONE.

L'Amour n'a pour vous que des charmes ;
Il n'a que des rigueurs pour moi.

Avec plaiſir, vous lui rendez les armes :
Avec regret, j'obéïs à ſa Loi ;

L'Amour n'a pour vous que des charmes ;
Il n'a que des rigueurs pour moi.

POMONE.

De mon deſtin j'aurois tort de me plaindre,
Vertumne répond à mes vœux.
Vous ſeule dans ma Cour vous connoiſſez nos feux,
L'hymen va nous unir, rien ne peut nous contraindre.
L'Amour, dont vous vous plaignez tant,
Pour vous, belle Thérone, en pourra faire autant.

THÉRONE.

Non, Protée eſt toujours le même ;
Changeant d'Objet à chaque inſtant :
Non, jamais il ne fut conſtant
Que dans ſon inconſtance extrême.

POMONE.

Sur ſon cœur vous avez des droits,
Qui le rameneront à la fin ſous vos loix.

Plus un volage Amant diſpute la victoire,
Plus le triomphe eſt éclatant;
L'Amour met ſa plus haute gloire
A fixer un Cœur inconſtant.

Belle Nymphe, pour vous l'amitié m'intereſſe,
Votre Amant ſur ces bords va paroître aujourd'hui,
Je veux l'entretenir du trouble qui vous preſſe.

THERONE.

Vertumne vient; je vous laiſſe avec lui.

En voyant mon Ingrat, cachez bien ma foibleſſe.

SCENE III.

POMONE, VERTUMNE.

VERTUMNE.

BElle Déesse, enfin m'est-il permis
De publier que mon cœur vous adore?
A vos ordres toujours soumis,
J'ai caché, malgré moi, le feu qui me dévore;
Je touche au doux moment que l'Hymen m'a promis;
Faut-il long-tems me taire encore?

POMONE.

D'un amour si discret,
Vertumne, recevez la juste récompense.
Pomone aujourd'hui vous dispense
De garder un plus long secret.

VERTUMNE.

Après une contrainte austere,
Laissons avec transport éclater nos soupirs;
Si quelquefois l'Amour nous oblige au mystere,
C'est pour redoubler nos plaisirs.

POMONE.

Si toujours l'ardeur la plus belle
Peut avoir des attraits pour vous;
Ah ! Quel cœur sera plus fidele,
Et quels Amants seront plus fortunez que nous ?

VERTUMNE.

Si votre bonheur peut dépendre
De ma constance & de ma foi;
Ah ! Quel cœur fut jamais plus tendre,
Et quel Amant sera plus fidele que moi ?

ENSEMBLE.

Tendre Amour, qu'il m'est doux de publier ta flâme ?
Je te dois les transports qui regnent dans mon ame.

POMONE.

Aux Habitans des lieux, où je donne des Loix,
Hâtez-vous d'annoncer mon choix.
Dans mes jardins, que notre Hymen s'apprête;
Je vous laisse le soin d'en ordonner la fête.

Je veux attendre ici Protée à son retour,
Lui parler de Thérone, & lui vanter ses charmes;
J'espere de la Nymphe adoucir les allarmes.

VERTUMNE.

Je vais tout disposer pour cet auguste jour.

SCENE IV.

POMONE, PROTE'E.

On entend un bruit formé par les Conques des Tritons.

POMONE.

QU'entens-je ? c'est Protée, & sa brillante Cour.
Son Char, que l'œil ne suit qu'à peine,
Semble voler sur la liquide Plaine.
Les Tritons, par respect, se rangent à l'entour.

Protée descend sur le rivage.

POMONE *continuë.*

Quel dessein en ces lieux aujourd'hui vous rameine ?
Protée a-t'il passé le vaste sein des Mers,
Pour former sur ces bords quelque nouvelle chaîne,
Ou pour chercher ses premiers fers ?

PROTE'E.

Quand le Destin m'appella dans la Crete,
J'eus peine à m'arracher de ce brillant séjour.
Dévoré d'une ardeur secrete,
J'emportai dans mon sein tous les feux de l'Amour.

Le même objet ſur ces bords me rapelle,
Ah ! Déeſſe, jugez de ma felicité,
La Mere d'Amour eſt moins belle,
Et la Reine des Cieux a moins de majeſté.

POMONE.

Thérone doit ſécher la ſource de ſes larmes;
Dans ce portrait fidele, où brillent tant d'attraits,
Vous venez d'exprimer ſes traits.
Ah! que votre retour va calmer ſes allarmes.

PROTE'E.

De la beauté, dont mon cœur ſuit les loix,
Mes Sujets par leurs Jeux vont celebrer les charmes:
Aux Tritons.
Que mon amour s'explique par vos voix,
Que l'Univers apprenne à qui je rends les armes.

Pour ſervir mon amour, paroiſſez ſur ces bords,
Tritons, ſortez de vos Grottes humides;
Et vous, par vos charmans accords,
Secondez mes tranſports,
Aimables Néreïdes.

SCENE V.

SCENE V.

LES TRITONS, LES NEREIDES, PROTE'E, POMONE, TRITON.

On danse.

TRITON *Ordonnateur de la Fête.*

CElebrez les plus doux attraits,
Chantez leur nouvelle victoire;
Que leur éclat brille à jamais,
Jusqu'aux Cieux élevez leur gloire.

LE CHOEUR *des Tritons repete.*

Celebrons les plus doux attraits,
Chantons leur nouvelle victoire;
Que leur éclat brille à jamais,
Jusqu'aux Cieux élevons leur gloire.

On danse.

TRITON.

Regne, Amour, dans ce beau séjour,
Sur ce rivage,
Reçois notre hommage.
Regne, Amour, dans ce beau séjour,
Pour nos plaisirs, viens rassembler ta Cour.

Jeunes cœurs, laissez-vous charmer,
Les Dieux vous ont fait pour aimer,
Ozeroient-ils vous en blâmer ?
Comme vous on les voit s'enflâmer.
Leur tendresse
Vous dit sans cesse,
Loin de résister,
Qu'il faut les imiter.

On danse.

PROTE'E.

Tout doit en ces lieux rendre hommage
A l'aimable Objet que je sers.
Tendres Oyseaux, sous ce feüillage,
Ranimez vos charmans Concerts.
Arbres épais, redoublez votre ombrage,
Volez, Zéphirs, & parfumez les airs.
Tout doit en ces lieux rendre hommage
A l'aimable Objet que je sers.

TRITON *à Pomone.*

Déesse, joüissez d'une douce victoire,
L'Amour vous préparoit un triomphe charmant.

LE CHOEUR.

Déesse, joüissez d'une douce victoire,
L'Amour vous préparoit un triomphe charmant.

TRITON.

A l'aimable Pomone il reservoit la gloire,
De fixer un volage Amant.

LE CHOEUR.

A l'aimable Pomone il reservoit la gloire,
De fixer un volage Amant.

POMONE *se leve.*

Qu'ai-je entendu? grands Dieux! la fidele Thérone
N'est dont pas l'objet de vos chants?

PROTE'E.

Non. Les attraits les plus touchants
Cédent aux attraits de Pomone.

J'aimois Thérone, & vivois sous sa loi.
Par l'éclat de vos yeux je me laissai surprendre;
Ah! si je lui manque de foi,
A vos charmes vainqueurs les siens doivent s'en prendre.

POMONE.

Protée, oubliez-vous de si tendres amours?
Eteignez une ardeur qui vous rend si coupable,
Thérone vous aime toujours,
Et Thérone est toujours aimable.

PROTE'E.

Pour elle, de l'amour j'ai ressenti les coups,
Mes yeux même aujourd'hui la trouvent encor belle.
Mais mon cœur désormais ne me dit rien pour elle;
Il ne me parle que pour vous.

POMONE.

Pour un autre que vous ma tendresse est extrême.
Vous en laisser douter, ce seroit vous trahir;
Protée en vain veut que je l'aime,
L'Amour veut se faire obéïr.

SCENE VI.

PROTE'E, TRITON.

PROTE'E.

Pour un autre que moi la Déesse est sensible !
Triton, l'ai-je bien entendu ?
A l'Amour si longtems son cœur inaccessible,
S'est donc enfin rendu ?
Ciel ! quel est cet Amant, dont la tendre constance
A surmonté sa résistance ?

TRITON.

On ne connoît point son Vainqueur.

PROTE'E.

Ah ! cette incertitude augmente mon malheur.

TRITON.

Avec cet air rêveur, qu'inspire la tendresse,
Vertumne quelquefois se rend en ces beaux lieux,
N'aimeroit-il point la Déesse ?

PROTE'E.

Vertumne seroit-il ce Rival trop heureux ?
Ah ! je veux éclaircir un doute qui me blesse.

TRITON.

Vous avez offensé l'Amour,
C'est un crime que l'inconstance.
Ce Dieu, par un juste retour
S'est vangé pendant votre absence.
Vous avez offensé l'Amour;
L'Amour se souvient de l'offence.

PROTE'E.

De quel trouble cruel mon cœur est agité?
Vertumne, mon Rival! Ciel! seroit-il possible!.....
Sui-moi, Triton, je sçai le secret infaillible
De pénétrer la verité.

Fin du premier Acte.

ACTE SECOND.

Le Théatre represente un Bois consacré à Pomone, où elle a coutume de recevoir en hommage les prémices des Fruits de la Terre. Tout est préparé pour cette celebrité annuelle. On a élevé un Thrône à la Déesse.

SCENE PREMIERE.

PROTE'E *sous la figure de Vertumne*, TRITON.

TRITON.

Vous avez de Vertumne emprunté la figure;
Quel œil n'y seroit pas trompé?
D'un si prompt changement Triton même est frapé.
Il n'apartient qu'à vous d'imiter la nature.

PROTE'E *sous la figure de Vertumne.*

Incertain de mon ſort, comme les autres Dieux,
Faut-il que le Deſtin le dérobe à mes yeux ?
Sous cent formes Protée affecte de paroître.
Tu ſçais comme j'échape aux Mortels curieux.
Pour trouver un Rival, que je crains de connoître;
Devrois-je me ſervir d'un don ſi précieux ?

Cruel Amour, que tes traits ſont à craindre !
Tu me fais adorer tes fers.
Ton pouvoir me réduit à feindre;
Viens me juſtifier aux yeux de l'Univers.

TRITON.

A la crainte aujourd'hui votre cœur s'abandonne.
Tremblez-vous d'éclaircir un myſtere fatal ?

PROTE'E *sous la figure de Vertumne.*

Je ſçaurai ſi Vertumne eſt aimé de Pomone.

TRITON.

Pour peu que vous plaiſiez, il eſt votre Rival.

PROTE'E *sous la figure de Vertumne.*

Quelle épreuve pour un cœur tendre !
Ah ! que je crains d'en trop aprendre !

TRITON.

Lorſque l'Amour à notre ardeur
A formé des deſſeins contraires,
Il vaut mieux garder notre erreur,
Que de pénétrer ſes myſteres.

PROTE'E.

PROTE'E *sous la figure de Vertumne.*

Ah ! si je m'aperçois que Vertumne en ce jour
Soit l'Objet de son tendre amour,
Si leurs cœurs sont d'intelligence,
J'ai déja, cher Triton, médité ma vangeance.

C'est dans cet aimable séjour
Que sur un Trône, orné des dons de la Déesse,
Elle reçoit les vœux des Bergers d'alentour,
Pour chanter ses bienfaits, tout un Peuple s'empresse.

TRITON.

Vous allez voir briller sa Cour ;
On s'assemble dans ce Bocage.

PROTE'E *sous la figure de Vertumne.*

De ses propres présens on va lui faire homage.
Va m'atendre, Triton, vers ce prochain détour.
Je vais sonder le cœur de l'Objet qui m'enchante.

TRITON.

Daigne l'Amour répondre à votre attente.

SCENE II.

PROTE'E *seul, sous la figure de Vertumne.*

AMour, viens seconder mes vœux;
De l'Objet que j'adore excite la colere.
Ah! si tu veux me rendre heureux,
Fais que je puisse lui déplaire.

Tu m'as fait ressentir le tourment sans égal
De trouver à mes feux la Déesse rebelle.
Sous la figure d'un Rival,
Aurois-je le malheur de me voir aimé d'elle?

Amour, viens seconder mes vœux;
De l'Objet que j'adore excite la colere.
Ah! si tu veux me rendre heureux,
Fais que je puisse lui déplaire.

La Déesse vient en ces lieux;
Ah! de cet entretien que n'ai-je pas à craindre?
Il la regarde.
Que vois-je? un doux regard s'échape de ses yeux;
Je sens ma voix prête à s'éteindre.

SCENE III.

POMONE, PROTE'E *ſous la figure de Vertumne.*

POMONE.

QUoi ? Vertumne , c'eſt vous ? ah ! qu'un ſi prompt retour
M'eſt un garant bien doux de votre tendre amour...
Mais quel trouble imprevû vous preſſe ?
Quelle eſt cette ſombre triſteſſe ?
Vos regards inquiets glacent mon cœur d'effroi.

PROTE'E *ſous la figure de Vertumne.*

Ciel ! que dois-je lui dire ? Amour inſpire-moi.
Je crains les Jeux qu'on vous aprête.
La gloire, hélas ! dans ce moment
Peut vous faire oublier & l'Amour & l'Amant.
Votre cœur trop ſenſible aux honneurs de la Fête...

POMONE.

Croyez-vous que ces ſoins partagent mon amour ?
Mon cœur ſonge ſans ceſſe à l'objet qui m'adore.
Vertumne , vous ſeriez éloigné de ma Cour ,
Que je vous y verrois encore.

PROTE'E *sous la figure de Vertumne.*

à part.

Qu'entens-je? ah! quels funestes coups
Frapent mon cœur jaloux.

POMONE.

Vous murmurez, Vertumne, expliquez ce mystere.
Que mon cœur en est allarmé!
Vous détournez les yeux... Ai-je pû vous déplaire?
Ah! si Pomone vous est chere,
Vous en êtes toujours aimé.

PROTE'E *sous la figure de Vertumne.*

Toujours aimé! Ciel! je m'égare.
Déesse.... Ah! quelle horreur de mon ame s'empare?

POMONE.

Vous me parlez d'horreur dans ces momens heureux,
Où tout semble annoncer le bonheur de nos feux,
N'aurois-je plus pour vous les mêmes charmes?
Ah! calmez vos vaines allarmes.

Tout autre bien que votre amour,
Pour mon cœur n'a rien qui l'enchante.
Les Jeux qu'on m'aprête en ce jour,
Sont faits pour la Déesse, & non pas pour l'Amante.

Quoi ? vous craignez encor de rencontrer mes yeux ?

PROTE'E *sous la figure de Vertumne.*

Ciel ! que vous puniſſez mes déſirs curieux.

POMONE.

Ah ! je vois d'où naît votre peine,
Votre cœur allarmé, de Protée eſt jaloux,
Vous ſçavez ſon amour, perdez un vain couroux,
Raſſurez-vous, il gémit ſous ma chaîne;
Oüi, je veux l'accabler de rigueurs & de haine;
Me puniſſe l'Amour, ſi je l'aime jamais,
Cher Vertumne, croyez le Serment que j'en fais.

PROTE'E *sous la figure de Vertumne.*

C'en eſt trop. Quelle violence !
Ne differons plus ma vangeance.

POMONE.

J'aime à voir les tranſports de ce cœur agité.

Qu'un Amant jaloux a de charmes !
Qu'il flate notre vanité !
Ses ſoupçons, ſes vives allarmes,
Sont les garants de ſa fidelité.

PROTE'E *sous la figure de Vertumne.*

Helas ! que je vous plains, trop ſenſible Pomone !
Vous méritiez un plus fidele Amant.
Oubliez ce Vertumne, à vos yeux ſi charmant,
L'Ingrat cede au pouvoir des appas de Thérone.

Quel cœur peut réſiſter à ſes divins attraits ?
Venus même eſt moins adorable....
Mais, que dis-je ? & quels ſont mes tranſports indiſcrets ?
Je vois que ce coup vous accable,
Ah ! ſi mon cœur commet le plus grand des forfaits,
Accuſez-en l'Amour, lui ſeul en eſt coupable.

SCENE IV.

POMONE *seule.*

O Ciel ! dois-je en croire mes yeux ?
Il me fuit, l'Infidele ! ô trahison fatale !
Vertumne à ma douleur m'abandonne en ces lieux :
Et pour comble de maux, Thérone est ma Rivale.

Eclatez, transports furieux ;
Vangeons-nous, perdons qui m'offense.
Regnez, implacable Vangeance,
Regnez dans ces funestes lieux.

On entend un bruit de Musique champêtre.

Qu'entens-je ? déja l'on s'aprête
A m'offrir de tristes honneurs,
Que ne puis-je éviter une importune Fête !...
Mais ma gloire, mon rang, mon devoir, tout m'arête.
Nécessité cruelle, atachée aux grandeurs !...
Differons ma vangeance, & contraignons mes pleurs.

SCENE V.

POMONE *monte sur le Trône qui lui a été préparé.*

POMONE, *Troupe de* BERGERS *&* *de* BERGERES *qui viennent offrir à la Déesse les Prémices des Fruits de la Terre.*

CHOEUR.

RΕcevez, charmante Déesse,
L'homage de nos Fruits, & celui de nos cœurs.

UNE BERGERE.

Que jamais l'Amour ne vous blesse
Que pour vous combler de faveurs;
Que tout cede à vos yeux vainqueurs:
Regnez Plaisirs, fuyez Tristesse.

CHOEUR.

Recevez charmante Déesse,
L'homage de nos Fruits, & celui de nos cœurs.

UNE BERGERE.

Votre beauté soumet tout l'Univers;
Est-il un cœur qui ne porte vos fers?
Tout vous adore.
Venus & Flore
Ne brillent pas
Où vous portez vos pas.

Par

LA BERGERE.

Par vos beaux yeux vous captivez l'Amour ;
Ce Dieu se plaît dans votre aimable Cour.
Tout vous adore.
Venus & Flore
Ne brillent pas
Où vous portez vos pas.

On danse.

UNE AUTRE BERGERE *à Pomone.*

Que Vertumne, toujours fidele,
Brûle pour vous d'un feu constant.

LE CHOEUR.

Que Vertumne, toujours fidele,
Brûle pour vous d'un feu constant.

LA BERGERE.

Et, s'il se peut, qu'à chaque instant
Il vous trouve encore plus belle.

LE CHOEUR.

Et, s'il se peut, qu'à chaque instant
Il vous trouve encore plus belle.

POMONE *à ce nom de Vertumne, interompt la Fête.*

Je ne puis plus longtems contraindre ma douleur.
Finissez vos Concerts, ils déchirent mon cœur.
Laissez-moi me livrer à mon inquiétude,
J'aurai soin de votre bonheur;
Mais le trouble où je suis veut de la solitude.

Je vois Thérone... Ah! je frémis d'horreur.

SCENE VI.

POMONE, THE'RONE.

THE'RONE.

QU'ai-je entendu ? Quel couroux vous agite ?

POMONE.

Perfide ! oses-tu bien te montrer à mes yeux ?
Quoi ? viens-tu braver en ces lieux
Un cœur, que ta présence irrite ?

THE'RONE.

Qui peut donc exciter ces transports furieux ?

POMONE.

Tu me trahis, & Vertumne t'adore.
Ah ! je te punirai du feu qui le dévore.

THE'RONE.

Quand vous donnez vos soins à calmer mon tourment,
J'oserois vous trahir ! ah ! le pouvez-vous croire ?
Auprès de vos Jardins j'ai quitté votre Amant,
Du soin de votre Hymen il fait toute sa gloire,
Vos attraits à chaque moment
S'offroient en foule à sa memoire,
Et mille fois sa bouche en vous nommant
S'aplaudissoit de sa Victoire.

POMONE.

Son cœur démentoit ſes diſcours.

THE'RONE.

Quoi ? m'auroit-il caché de perfides amours ?

POMONE.

Son adreſſe à feindre eſt extrême :
Mais de ſa trahiſon j'ai vû tous les détours ;
Et j'ai forcé l'Ingrat à m'avoüer lui-même,
Qu'infidele à ſes feux, c'eſt vous ſeule qu'il aime.

THE'RONE.

Déeſſe, ſuſpendez ces mouvemens jaloux ;
Dès ce jour je veux le confondre.
Mon cœur eſt à Protée ; & s'il faut devant vous
Fraper votre Inconſtant des plus ſenſibles coups,
Mon devoir, & l'Amour peuvent vous en répondre.

Fin du ſecond Acte.

ACTE TROISIÉME.

Le Theatre represente les Jardins de Pomone, que Vertumne a pris soin d'embellir lui-même. Les Arbres sont entourez de Guirlandes de fruits, auxquelles on a suspendu des Cartouches où sont les chiffres de Pomone, & de Vertumne.

****

SCENE PREMIERE.

VERTUMNE *tout éperdu.*

Quel coup sensible, ô Ciel ! pour un amour si tendre !
La Déesse me fuit, & ne veut plus m'entendre.
Quels terribles regards elle a lancé sur moi !
D'où vient qu'en lui parlant elle a frémi d'effroi ?

Lieux, embellis par l'Amour même;
Arbres, que j'ai parez des plus brillantes fleurs;
Beaux Jardins, où l'Hymen devoit unir nos cœurs,
Perdez tout votre éclat, j'ai perdu ce que j'aime.

Quel est mon désespoir affreux!
L'aimable Objet qui regne dans mon ame
A pour jamais éteint sa flâme,
Et je me sens toujours brûlé des mêmes feux.

Lieux, embellis par l'Amour même;
Arbres, que j'ai parez des plus brillantes fleurs;
Beaux Jardins, où l'Hymen devoit unir nos cœurs,
Perdez tout votre éclat, j'ai perdu ce que j'aime.

Ah! cherchons la Déesse. Amour, à ses genoux
Viens avec moi désarmer son couroux.

Il sort.

SCENE II.

PROTE'E *sous la figure de Vertumne*, THE'RONE.

THE'RONE.

Vertumne, cessez de me suivre.

PROTE'E *sous la figure de Vertumne.*

Pour un volage Amant voulez-vous toujours vivre?

ENSEMBLE.

Le faux Vertumne. { Belle Nymphe, cedez à ma fidele ardeur,
L'Amour vous assure mon cœur.

Thérone. { Eteignez, éteignez une infidele ardeur,
L'Amour vous refuse mon cœur.

THE'RONE.

Vertumne, cessez de me suivre.

PROTE'E *sous la figure de Vertumne.*

Pour un volage Amant, voulez-vous toujours vivre?

THE'RONE.

La Déesse en ces lieux se livre au désespoir;
Vous devez tout à sa tendresse.

PROTE'E *sous la figure de Vertumne.*

Ne rapellez point mon devoir,
Je dois tout à Thérone, & rien à la Déesse.

THE'RONE.

Protée aime Pomone, & malgré ses amours,
C'est pour vous seul qu'elle est encor sensible.

PROTE'E *sous la figure de Vertumne.*

Elle hait donc Protée? ô Ciel! est-il possible?

THE'RONE.

Elle veut le haïr toujours.

PROTE'E.

Que ce sincere aveu m'offense,
Achevons de goûter une douce vangeance.

L'Amour dégage mes sermens;
Ce Dieu veut que Vertumne abandonne Pomone;
Il vous devoit, belle Thérone,
Le plus fidele des Amans.

THE'RONE.

Perdez une vaine esperanee,
Et reprenez vos premiers nœuds,
J'aime toujours Protée, il outrage mes feux;
Mais l'Ingrat sur mon cœur garde encor sa puissance.

PROTE'E.

Belle Nymphe, que dites-vous?
Quoi, vous pouriez l'aimer encore?

THE'RONE.

Peut-il douter que mon cœur ne l'adore?
Quand je le vois, je sens expirer mon couroux.

Amour

Amour, fais-lui sçavoir mes mortelles allarmes.
Peins-lui les maux que je ressens;
Portes-lui mes tristes accens;
Il ne sçait pas combien il m'a coûté des larmes.

PROTE'E *sous la figure de Vertumne.*

à part.

Que je la plains! Mais quel tendre retour
Entre-elle, & la Déesse aujourd'hui me partage?
Devrois-je, helas! à tant d'amour
Oposer un cœur si volage?

Suivons la.... Je prétens l'éprouver davantage.
Thérone, où fuyez-vous?

THERONE.

Où vous ne serez pas.

PROTE'E.

Ah! je suivrai par tout vos pas.

THERONE.

Vertumne, cessez de me suivre,

PROTE'E.

Pour un volage Amant voulez-vous toujours vivre?

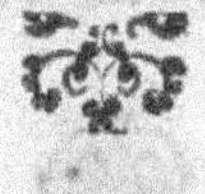

SCENE III.

POMONE *voyant le faux Vertumne courir après Thérone.*

ENfin, j'en puis croire mes yeux;
On brave ma colere, on m'outrage en ces lieux,
Vertumne fuit Thérone, ils ſont d'intelligence,
Devois-je ſi longtems differer ma vangeance?

Jaloux tranſport, noire fureur,
Venez, je vous livre mon cœur.

Que de tourmens! Non, rien ne les égale,
Thérone me trahit, ô Dieux!
Ne perdons plus des momens précieux,
Je veux moi-même immoler ma Rivale.

Jaloux tranſport, noire fureur,
Venez, je vous livre mon cœur.

SCENE IV.

POMONE, *le veritable* VERTUMNE.

POMONE.

JE voi l'Ingrat, ô Ciel ! quel dessein le rappelle ?
N'approche pas cœur infidele.

VERTUMNE *se jette aux pieds de Pomone.*

Votre couroux m'accable dans ce jour,
Je veux le croire légitime ;
Mais du moins par pitié, si ce n'est par amour,
Déesse apprenez-moi mon crime.

POMONE.

Tu feins encor à mes genoux
D'ignorer les raisons de mon juste couroux ;
Peut-on porter si loin une coupable audace ;
Crois-tu que de mon cœur ta trahison s'éface ?
Va, Thérone t'attend, cours, vole sur ses pas.

VERTUMNE.

Thérone ?

POMONE.

Diras-tu que tu ne l'aimes pas ?

VERTUMNE.

Qu'entens-je ? moi l'aimer ? qui vous l'a dit Déesse ?
Ah ! contre une imposture...

POMONE *fierement.*

Ozes-tu me parler ?

à part.

Prétent-il me dissimuler
Son indigne & lâche tendresse ?

VERTUMNE.

Voyez dans vos Jardins ces Couronnes de fleurs,
Ces Chiffres où mon nom se mêle avec le vôtre;
J'ai préparé ces lieux, témoins de mes ardeurs:
Quand l'Hymen & l'Amour doivent unir nos cœurs,
Helas ! puis-je en aimer un autre ?

POMONE.

Tu n'as pû résister à ses divins attraits,
Tu me l'as trop dit, ton cœur l'aime.

VERTUMNE *tout étonné.*

O Ciel ! ma surprise est extrême !

Mon cœur qui ne changea jamais
Se seroit-il trahi lui-même ?

Thérone paroît.

Ah ! j'aperçois Thérone, elle seule à vos yeux
Peut me justifier d'un soupçon odieux....

SCENE V.

POMONE, THE'RONE, VERTUMNE.

VERTUMNE *à Thérone, avec empressement.*

THérone, ai-je jamais démenti ma tendresse?
Ai-je brûlé pour vos appas?
Parlez, rassurez ma Déesse....

THE'RONE.

Moi, te justifier? ne le présume pas
Volage Amant, Cœur infidele,
Oüi, tu brûles pour moi d'une ardeur criminelle.

VERTUMNE.

Amour, j'ose aujourd'hui défier ta rigueur;
De quel coup plus cruel peux-tu fraper mon cœur?

POMONE *tendrement.*

Ton embaras ne sert qu'à te confondre.
Hélas! que pourrois-tu répondre?

VERTUMNE *à Thérone.*

Nymphe, je l'avoüerai, frapé d'étonnement,
Je veux en vain pénétrer ce mystere,
Est-ce un pouvoir divin? est-ce un enchantement?
Pourquoi m'imputez-vous un crime imaginaire?

THERONE.

N'ai-je pas rejetté tes vœux ?
Hé quoi ! dans ces jardins, presque en ce moment même,
Quand tu me parlois de tes feux,
Ne t'ai-je pas nommé le volage que j'aime ?
Tu sçais trop que mon cœur, fidele à ses sermens ;
Dédaigne les autres Amants.
Pourquoi donc t'aplaudir des troubles que tu causes ?
Tu ne réponds plus rien. Démens-moi, si tu l'oses.

POMONE.

Amour, brise un fatal lien,
L'Ingrat méritoit-il un cœur, comme le mien ?

VERTUMNE.

Témoin des horreurs que j'endure,
O Jupiter ! je n'ai recours qu'à toi ;
Pere des Dieux exauce-moi,
Justifie une ardeur si fidele, & si pure.

SCENE VI.

POMONE, THE'RONE, VERTUMNE, PROTE'E.

PROTE'E *sous sa propre figure de Protée.*

RAssûrez vos esprits trop long-tems agitez ;
Vertumne, vous Déesse, & vous Nymphe, écoutez :
L'Amour me force à rompre le silence,
Sortez, sortez de votre erreur,
De vos troubles enfin, reconnoissez l'Auteur ;
De Vertumne, Protée avoit pris l'apparence,
A Thérone je rends mon cœur,
Je suis touché de sa constance.

POMONE.

Ah ! deviez-vous ainsi traverser mes amours ?

PROTE'E.

J'ai voulu voir si vous étiez fidelle.

THE'RONE.

Pourquoi prendre avec moi cette forme nouvelle ?

PROTE'E.

J'ai voulu voir si vous m'aimiez toujours.

Que Vertumne se rassûre,
Nymphe comblez mon bonheur,

Pardonnez l'heureuſe impoſture,
Qui vous rend pour jamais mon cœur.

VERTUMNE.

Peuple à mes Loix toujours fidele,
Que votre empreſſement réponde à mon amour,
Celebrez les attraits de l'aimable Immortelle
Qui regne dans ce beau ſéjour.

SCENE VII.

TROUPE DE JARDINIERS,

& les Acteurs de la Scene précedente.

CHOEUR.

GOûtez à chaque inſtant une douceur nouvelle.
Tendres Epoux vivez en paix,
Que votre ardeur ſoit éternelle,
Que les plus doux plaiſirs couronnent vos ſouhaits,
Et que de ſes faveurs l'Amour comble à jamais
Une flâme ſi belle.

On danſe.

UNE JARDINIERE.

Dans ces beaux Jardins
Bachus & l'Amour s'unissent;
Tous deux ils remplissent
Nos heureux destins;
Le doux fruit d'Automne
Que Bachus nous donne
Prépare nos Cœurs
Aux plus vives ardeurs,
Et l'Amour ensuite
Aisément profite
Des troubles confus
Commencez par Bachus.

On chante ici la Cantate.

PROTE'E.

Chantez à votre tour la beauté qui m'engage;
Habitans de ces bords heureux :
Formez ici les mêmes Jeux
Que vous formez sur le Rivage.

Entrée de Matelots & d'Habitans du Rivage.

On danse.

SCENE DERNIERE.

POMONE, VERTUMNE, THE'RONE, PROTE'E, L'AMOUR CONSTANT, L'AMOUR VOLAGE.

L'AMOUR CONSTANT *à l'Amour Volage.*

QUe mon Triomphe est éclatant,
Volage Amour, tu vois le pouvoir de mes charmes;
Tous les Cœurs me rendent les armes,
Et Protée à son tour est devenu constant.

L'AMOUR VOLAGE *à l'Amour Constant.*

Du Triomphe, croi moi, tu n'as que l'apparence;
Après avoir brûlé pour mille objets divers,
C'est le dernier trait d'inconstance
Que de chercher ses premiers Fers.

VERTUMNE & PROTE'E.

Amour Constant } ah! c'est à vous
Volage Amour }
Que je dois en ce jour mes plaisirs les plus doux.

L'Amour Constant emmene Pomone & Vertumne.

L'Amour Volage emmene Thérone & Protée.

FIN.

APPROBATION.

J'AY lû par ordre de Monseigneur le Garde des Sceaux, *Les Amours de Protée, Balet*, & la lecture de cette Ouvrage m'a fait esperer beaucoup de la Representation. Fait à Paris ce 10. Mai 1720. Signé, HOUDAR DE LA MOTTE.

www.ingramcontent.com/pod-product-compliance
Ingram Content Group UK Ltd.
Pitfield, Milton Keynes, MK11 3LW, UK
UKHW021501260726
13993UKWH00004B/1509

9 782329 212081